Barddoni

Yn y Gymru sydd ohoni,
Mae'n debyg mai barddoni
Yw'r un peth sydd yn llonni
Pob Twm a Dic a Joni,
(A Harri 'sa hi'n dod i hynny!),
Oherwydd maen nhw'n honni,
Fod geiriau sydd yn odli
Yn creu oriau dirifedi
O ddifrifwch a direidi
A difyrrwch digon teidi!

Cymerwch air fel 'sant'
Sydd yn odli hefo 'cant'
A 'plant' a 'bant' a 'nant'
Heb anghofio 'eliffant' . . .

Wel . . . un peth ydi odli
Ond wedyn, mae'n rhaid dodi
Y geiriau 'dan ni'n nodi
Fel y rheiny 'dan ni'n hoffi
Mewn rhesi o linellau
Sy'n llawn synnwyr a llawn rhythmau
Sy'n swyno'n hemosiynau
O chwerthin hyd at ddagrau.

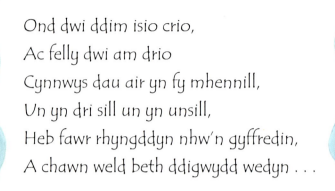

Ond dwi ddim isio crio,
Ac felly dwi am drio
Cynnwys dau air yn fy mhennill,
Un yn dri sill un yn unsill,
Heb fawr rhyngddyn nhw'n gyffredin,
A chawn weld beth ddigwydd wedyn . . .

Oce . . . 'Sant' ac 'Eliffant' . . .

'Gwnewch y pethau bychain'
Dyna eiriau Dewi Sant,
Sy'n ddigon hawdd iddo fo i'w ddweud
Ond dwi yn ELIFFANT!

4

Siocled Poeth a Marshmalos

Caryl Parry Jones

Lluniau gan Helen Flook

Cynnwys

Gobeithio y caf eich cwmni
Ar ein taith drwy fyd barddoni,
Bydd rhai o'n cerddi'n odli,
Ac eraill ddim . . .

Ond dewch gyda mi i grwydro –
Cawn drafod a chawn fwydro,
Cawn chwerthin lond ein boliau
Wrth i chi greu eich campweithiau,
Cawn fynd i diroedd ffantasi –
Chi'n barod? Dewch 'te gyda fi,
Mi fyddwch bob un yn serennu
Wrth i chi a mi farddoni.

Wela i chi cyn hir!!! Caryl xxxxx

Llyfrau

Rhwng y cloriau hyn mae rhyfeddodau,
Rhwng y cloriau hyn mae gwirioneddau,
Rhwng y cloriau hyn mae gwên a dagrau,
Rhwng y cloriau hyn mae byd o eiriau . . .

Cer am drip i fyd gwybodaeth,
    Lle mae pob un o'r geiriau'n wir
Ac yn falch o lenwi d'ymennydd
    Gyda'u ffeithiau cadarn a chlir.

Dos ar wib i fyd hud a lledrith,
    Dyna'r unig fan lle cei di
Fynd ar ras i fyd o freuddwydion
    A dianc i dir ffantasi.

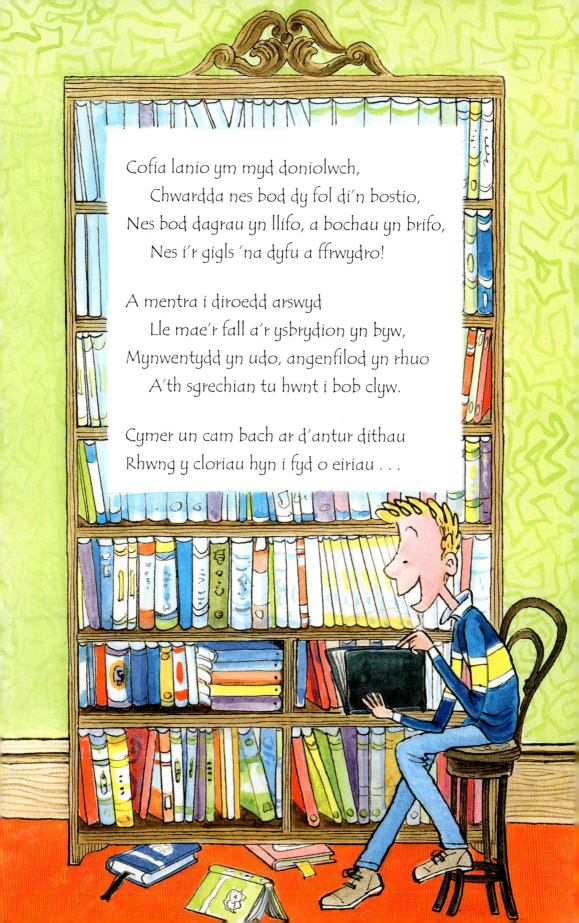

Cofia lanio ym myd doniolwch,
    Chwardda nes bod dy fol di'n bostio,
Nes bod dagrau yn llifo, a bochau yn brifo,
    Nes i'r gigls 'na dyfu a ffrwydro!

A mentra i diroedd arswyd
    Lle mae'r fall a'r ysbrydion yn byw,
Mynwentydd yn udo, angenfilod yn rhuo
    A'th sgrechian tu hwnt i bob clyw.

Cymer un cam bach ar d'antur dithau
Rhwng y cloriau hyn i fyd o eiriau . . .

Pos Odli

Ydych chi'n gallu dyfalu pa air sydd ar goll?
Cliw – Mae'n odli gyda gair ola'r llinell gynt . . .

Cath fach wen, cath fach lân,
Yn cysgu'n sownd o flaen y . . .

Siarc mawr ffyrnig, siarc mawr llwyd,
O dan y môr yn chwilio am . . .

Mochyn tew, mochyn pinc,
Yn golchi'r llestri yn y . . .

Ceiliog pwysig dandi-do
Yn clochdar yn uchel ar ben y . . .

Ci gwyllt, gwallgo', gwyn a du,
Yn rhedeg a chyfarth o gwmpas y . . .

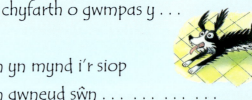

Ceffyl brown yn mynd i'r siop
A'i garnau'n gwneud sŵn . . . .

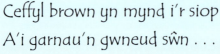

Robin Goch mor fawr a thew
Yn chwarae yn yr eira a'r . . .

Llygoden fach yn brysio ar draws
Llawr y gegin i chwilio am . . .

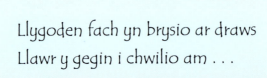

Crocodeil â dannedd mawr
Yn dod i'ch bwyta chi yn . . . !

Draenog pigog ydi hwn
Yn belen fach, annwyl, . . .

Buwch a llo bach, ar fy llw,
Dros ben y clawdd yn gweiddi . . .

Jiráff yn crwydro ar hyd y tir
Â'i glustiau byr a'i wddw . . .

Eliffant yn clirio'i lwnc
A chanu'n uchel mas o'i . . .

Hwyaden flin, hwyaden grac,
Yn gweiddi nerth ei phen '. . . . . .'!

Lleuad lawn ar nos o Ha',
Mae'n amser cysgu nawr, 'Nos . . .'!

Cwpan Rygbi'r Byd

Mae 'na rywbeth yn digwydd, mae yn y gwynt,
Mae pob calon yn curo'n gynt a chynt,
Baneri pob gwlad yn chwifio fry
A phedwar ban yn uno'n y gri
I annog yr arwyr i faes y gad
I ymladd yn ddewr dros bobl eu gwlad . . .

Maen nhw'n gwisgo'u crysau â balchder pur,
Wedi ymdrech y drin dros y misoedd hir,
A nawr mae pob cyhyr, pob asgwrn, pob gewyn,
Pob dropyn o chwys, pob anadl, pob ystum,
Yn barod i wynebu'r her sydd o'u blaen,
Mae'r byddinoedd o bymtheg yn symud 'mlaen.

Ac wrth iddynt redeg i wres y pair,
Ac angerdd a dagrau yn llenwi bob gair
O galonnau'r anthemau sy'n fôr o gefnogaeth,
Cyn ymchwydd y bonllef sy'n sgrechian anogaeth,
Llonyddu wna'r Ddaear, does dim troi ar y rhod
Ac mae'r byd y tu allan yn peidio â bod.

A chyda phob cic, pob tacl, pob rhediad,
Pob sgrym a phob sgarmes, pob cais a phob trosiad,
Pob pwynt, pob dyfarniad, pob mantais, pob chwiban,
Pob pas a phob lein, pob cwrs a gôl adlam,
Mae curiad pob calon o amgylch y byd
Yn dyrnu eu ffydd yn y bechgyn i gyd.

Ac ar feysydd Ffrainc bydd y cyrff yn cyfarfod,
Bydd y rhyfel yn para nes i'r ymladd ddarfod,
Ac ar ddiwedd y cyfan, dim ond un tîm fydd
Yn codi'r aur gwpan, yn ennill y dydd,
Ond tan ddaw hynny bydd y byd yn uno
Dan faner y gamp a'i harwyr diflino.

Anifeiliaid Anhwylder!

Mam. O! Mam!
Mae 'na neidr yn fy mol
Yn troi ac yn trosi,
Yn llithro a gwneud lol!
Aw! Mam!

Mam. O! Mam!
Mae cacynen yn fy nghlust
Yn pigo ac yn hisian,
Cer o 'ma nawr ar frys!
Aw! Mam!

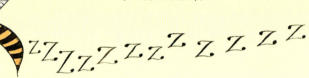

Mam. O! Mam!
Mae 'na falwen yn fy ngwddw,
Yn lwmp caled seimllyd
Ac Ew! Ma'n brifo'n arw.
Aw! Mam.

Mam. O! Mam!
Mae 'na gnocell yn fy mhen,
Yn curo ac yn pecian,
Plis, stopia. Nefi Wen!
Aw! Mam!

Mam. O! Mam!
Tyrd yma i'w dal nhw!
'Mond plentyn bychan ydw i,
Ie plentyn bach – nid sŵ!

MAAAAAAAAAAM!

Cystadlu yn Eisteddfod Caerfyrddin

Blwyddyn arall, ond lle gwahanol,
Ac ma pob plentyn a rhiant ac athro
Yn dyheu am i hyn i gyd ddod i ben . . .
A dio'm 'di dechra eto!

Mae'r nerfau'n rhacs yn barod,
Ac ma nhw bownd o fynd yn waeth,
Dwi 'di cnoi'r holl ewinedd sy gen i i'r byw
A 'di 'mond yn hannar 'di saith!

Dwi'n sbio o nghwmpas am funud
Ac mae pawb yn syllu o'u blaena,
Rhai'n crio, rhai'n chwysu, rhai'n deud geiria drwg,
A rhai jyst yn pigo'u trwyna!

Dwi 'di eistedd fan hyn am oes pys, maip a swej,
Ma mhen ôl i'n cysgu ers oria,
Yn union fel dylswn i fod yn gneud . . .
O's raid i hwn fod mor ara?

Dwi'n edrych ar y stiward cas
Sy'n deud . . . mod i'n cael mynd nesa,
O'r diwedd, dwi allan o'r traffic jam –
Mlaen i'r rhagbrawf yn awr, haleliwia!

Yr Afal Unig

Ro'n i'n arfer bod yn afal
Hapus, coch a llon,
Yn rhannu hwyl â'm ffrindiau
Yn y bowlen ffrwythau hon.

Ond bob yn un fe aeth y criw
A'm gadael i fan hyn
Yn unig a digyfaill,
Yn ddiflas ac yn syn.

Roedd bwnsied pert o rawnwin Ffrainc
Yn clebran yma ddoe,
Mor ffasiynol yn eu coch a gwyrdd –
Ond fe aethon nhw yn glou.

Roedd oren yma o Seville
Yn gweiddi 'Hola!' ac 'Ole!',
A banana o Jamaica bell
Yn chwerthin dros y lle.

Fe syrthiais i mewn cariad
Â mefusen sgarlad, dlos,
Fe'm byddarwyd gan y Kiwis
Gyda'u Haka ddydd a nos!

Roedd lemwn sur yn cwyno
Nad oedd neb yn ei ddewis o,
Neb am sugno'i sudd o byth –
Ond aeth *hwnnw* yn ei dro!

A bellach, maen nhw i gyd 'di mynd
A dwi yma, welwch chi,
Yn aros am gael teimlo llaw
Yn estyn amdana i.

Pluen Eira

Yn dawel, dawel,
A heb siw na miw,
Yn araf, araf,
Ar yr awel gysglyd
Mae'n codi o'i gwely trwm
A chyda llwch y bore bach yn ei llygaid,
Mae'n disgyn,
Mewn breuddwyd,
I greu byd o hud.

Hi a'i ffrindiau
A'u swae yn gwau cynfasau gwynion
Ac yn cwtcho'r cread
Dan gwrlid y gaeaf.
Haul oer yn deffro'i diamwntiau
A'r rheiny'n wincio'u disgleirdeb
Drwy wisg wen y wawr.

Ac yna,
Yn dawel, dawel,
A heb siw na miw
Diflanna . . .
Tan y tro nesa.

Rhwng Cwsg ac Effro

Rhywle rhwng cwsg ac effro
Mae 'na wlad yn y cymylau.
Gwlad o wlân cotwm ac o blu,
Siocled poeth a marshmalos,
Gwlad o dôst a menyn a slipars ger y tân,
Heulwen ar y cefn a thywod mân, mân,
Un hwiangerdd hir o nodau hud,
O fwythau ac o siglo,
Nôl a blaen, nôl a blaen,
Mewn crud o betalau.
Arogl siwgr a sinamon yn melysu'r niwl hypnotig
A'i sidan ysgafn yn lapio'i hun
Fel ton gynnes
Rownd pob gewyn a chyhyr,
O gorun i sawdl,
Nes nad oes dewis
Ond ildio,
    A suddo,
        A disgyn.

Car Mam

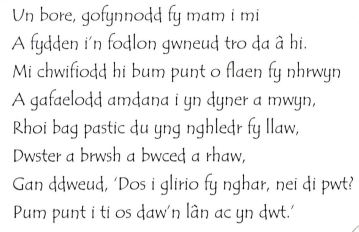

Un bore, gofynnodd fy mam i mi
A fydden i'n fodlon gwneud tro da â hi.
Mi chwifiodd hi bum punt o flaen fy nhrwyn
A gafaelodd amdana i yn dyner a mwyn,
Rhoi bag pastic du yng nghledr fy llaw,
Dwster a brwsh a bwced a rhaw,
Gan ddweud, 'Dos i glirio fy nghar, nei di pwt?
Pum punt i ti os daw'n lân ac yn dwt.'

Wel mae pum punt yn lot y dyddie hyn,
Ac mae pawb yn cwyno bod arian yn dynn,
A dyma Mam a finne'n ysgwyd llaw –
Hy! Pum punt am glirio rhyw damed o faw!
Ond agorais y drws ac fe wyddwn i'n syth
Y gallai'r job yma fynd 'mlaen am byth,
Daeth yno fynydd o sbwriel i'm cwrdd . . .
'Pum punt yn fy mhoced neu jest rhedeg i ffwrdd?!'

Ond roedd Mam yn edrych, doedd dim dewis gen i
Ond taclo'r anghenfil . . . ac i ffwrdd â fi.
Roedd hen focsys byrgyrs yn leinio'r llawr
A chwpanau papur - bach, canolig a mawr,
Pâr o sane a hen fil trydan,
Sgerbwd afal fu unwaith yn gyfan,
Llun o'r archdderwydd a hanner cit rygbi
Oedd yn fwdlyd, yn galed ac yn drewi'n ofnadwy!

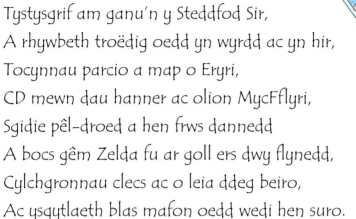

Tystysgrif am ganu'n y Steddfod Sir,
A rhywbeth troëdig oedd yn wyrdd ac yn hir,
Tocynnau parcio a map o Eryri,
CD mewn dau hanner ac olion MycFflyri,
Sgidie pêl-droed a hen frws dannedd
A bocs gêm Zelda fu ar goll ers dwy flynedd,
Cylchgronnau clecs ac o leia ddeg beiro,
Ac ysgytlaeth blas mafon oedd wedi hen suro.

Mi lenwais dri bimbag, o'n i yna am orie
Yn clirio a dwstio a glanhau am y gore,
Ac wrth i'r haul fachlud, dychwelais i'r tŷ,
Edrychais ar Mam gan ddweud wrthi hi,
'Wel, weles i rioed y fath beth yn fy myw,
Nid bîn ydi'r peth 'na! Ti'n deall? Ond clyw,
Rhaid i bawb wneud yr ymdrech fel na ddaw'r un cam
I'r sgip ar olwynion . . . neu'n hytrach, car Mam.'

Pos Lliwiau

Pos arall i chi.
Y tro 'ma, dyfalwch pa liw sy'n odli.

Mae gen i gath sydd fawr o iws,
Mae'n dew ac yn foel ac ma'i chynffon hi'n . . .

Mae gen i fochyn sy'n gwichian yn groch,
Mae'n fawr, yn flewog ac yn streips gwyn a . . .

Mae gen i gi sydd ychydig yn gas,
Pan mae'n colli ei dymer ma'i drwyn yn troi'n . . .

Mae gen i geffyl sy'n chwarae'r delyn
Mewn ffroc hir i'r llawr a sgidie . . .

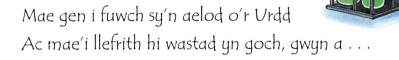

Mae gen i fuwch sy'n aelod o'r Urdd
Ac mae'i llefrith hi wastad yn goch, gwyn a . . .

Mae gen i fwji sy'n gwisgo fel clown
Trwyn coch, gwallt cwrls a sgidie hir . . .

Mae gen i grwban o'r enw Bryn
A phan mae'n cael braw, mae Bryn yn troi'n . . .

Mae gen i bysgodyn mewn tanc yn y tŷ
Sydd yn anweledig ond am un smotyn . . .

Pam maen nhw fel hyn? Wel sgen i ddim cliw!
Ond 'na hwyl yw cael ffrindiau bach hapus bob . . .

Grinda'r Ysbryd Drwg

Pan ddaw y nos yn ddirgel
A'n cau tu ôl i'w llen,
Pan ddaw y storm i regi
A'i thymer i hollti'r nen,
Pan ddaw y frân i grawcian,
Pan ddaw y niwl drwy'r tir,
Daw gwên i wyneb Grinda –
Ysbryd pob noson hir.

Hi yw'r boen ym mhob un dannodd,
Y pigyn yn y glust,
Hi yw'r corddi yn ein boliau
A meistres y meddwl trist,
Hi yw'r llosgi yn y dagrau,
A'r llais tu hwnt i glyw
Sy'n dy gadw di yn effro,
Sy'n rhoi halen yn y briw.

Hi yw'r siapiau'n y cysgodion
A synau'r t'wyllwch du,
Y sgrech sy'n llenwi'r awyr,
Y bwgan yn y tŷ.
Hi yw'r crafu ar y ffenest,
Y brysio yn y berth,
Mae'n cydio'n dy ddychymyg
A'i ysgwyd â'i holl nerth.

Os na ddaw cwsg ryw noson,
Os teimli ofn a braw,
Wel, gwaedda'n uchel, 'GRINDA!!
'Na ddigon! Cadw draw!'
A dim ond i ti feddwl
Am bethau hapus, llon,
Ddaw Grinda ddim yn agos
Ar hyd y flwyddyn gron.

Blob

(Hei . . . beth am i chi gyfansoddi alaw i hon, a defnyddiwch wahanol offerynnau a phethe bob dydd i greu synau?!)

Roedd bwystfil bach o'r enw Blob
Yn byw tu fas i Plwmp,
Roedd ei wallt yn wyrdd, ei ddannedd yn las
Ac ar ei ben roedd lwmp.
Ac felly, gwisgai Blob ei gap
I gwato'r lwmp o'r byd,
Ond roedd cap Blob yn gwasgu'r lwmp
Gan wneud ei lais yn uwch o hyd!

Dywedai . . .

'Gwich, gwich, wa wa,
Wi wi wibl wobl!'
Synau dwl, nid synau oedd
Fel synau bwystfil o gwbl.
'Gwich, gwich, wa wa,
Wi wi wibl wobl!'
Druan bach a'r bwystfil Blob . . .
Y tristaf yn y byd!

Roedd Blob yn crio bron bob nos,
Doedd neb yn ofni'i gri,
A phan dynnai pawb ei ddeuddeg coes,
Dywedai Blob, 'Wi wi!'

Ond un diwrnod daeth rhyw robin goch
A dwyn y cap o'i ben,
A phan agorodd Blob ei geg
Roedd ei lais yn llenwi'r nen!

Dywedai . . .

'Brrrwm, brrrwm! Wraaa, wraaa,
Clwwwff, clwwwff! Mobi wobi!'
Rhedai pawb o'i ffordd yn syth
Pan fyddai'i lais yn codi!
'Brrrwm, brrrwm! Wraaa, wraaa,
Clwwwff, clwwwff! Mobi wobi!'
Hip Hwre i'r Bwystfil Blob
Sy'n llenwi pawb ag ofn!

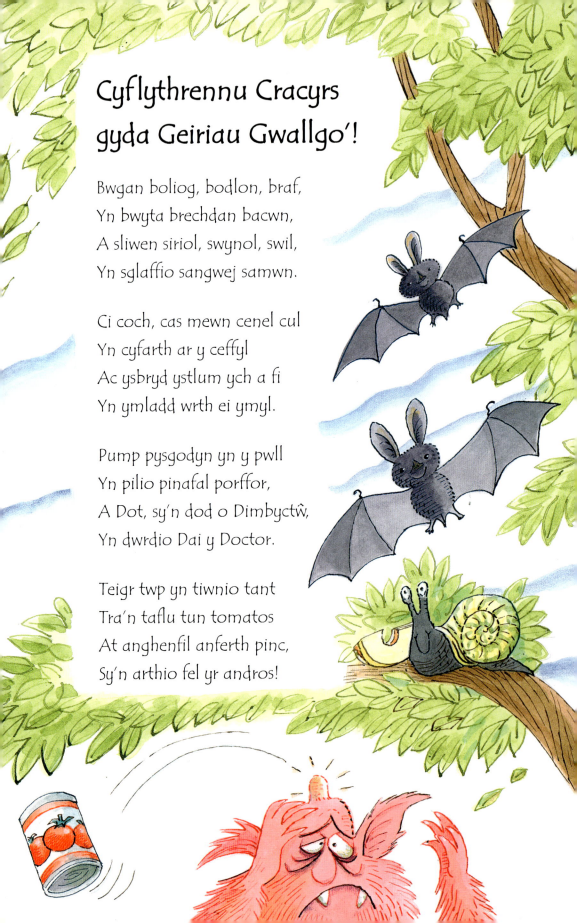

Cyflythrennu Cracyrs gyda Geiriau Gwallgo'!

Bwgan boliog, bodlon, braf,
Yn bwyta brechdan bacwn,
A sliwen siriol, swynol, swil,
Yn sglaffio sangwej samwn.

Ci coch, cas mewn cenel cul
Yn cyfarth ar y ceffyl
Ac ysbryd ystlum ych a fi
Yn ymladd wrth ei ymyl.

Pump pysgodyn yn y pwll
Yn pilio pinafal porffor,
A Dot, sy'n dod o Dimbyctŵ,
Yn dwrdio Dai y Doctor.

Teigr twp yn tiwnio tant
Tra'n taflu tun tomatos
At anghenfil anferth pinc,
Sy'n arthio fel yr andros!

Gorila gwyn yn gwylio'r gêm
O'i gadair yn y goeden,
A babŵn bach brown yn barod
I baffio â'r bioden.

Synnwch ar y seiniau
Sy'n dod o dudalennau –
Gwisgwch y geiriau gyda'r glec
A'u lliwio â'ch llythrennau!

Sut i wneud Bisgedi Nadolig

Bydd angen rhain arnoch chi:

- 175 gram o fenyn
- 200 gram o siwgr mân
- 400 gram o flawd plaen
- Pinsiaid o halen
- Ychydig o laeth i'w ychwanegu bob yn dipyn bach.

- Llwy bren
- Powlen fawr
- Pin rholio
- Hambwrdd pobi.

- Eisin gwyn
- Rhuban coch.

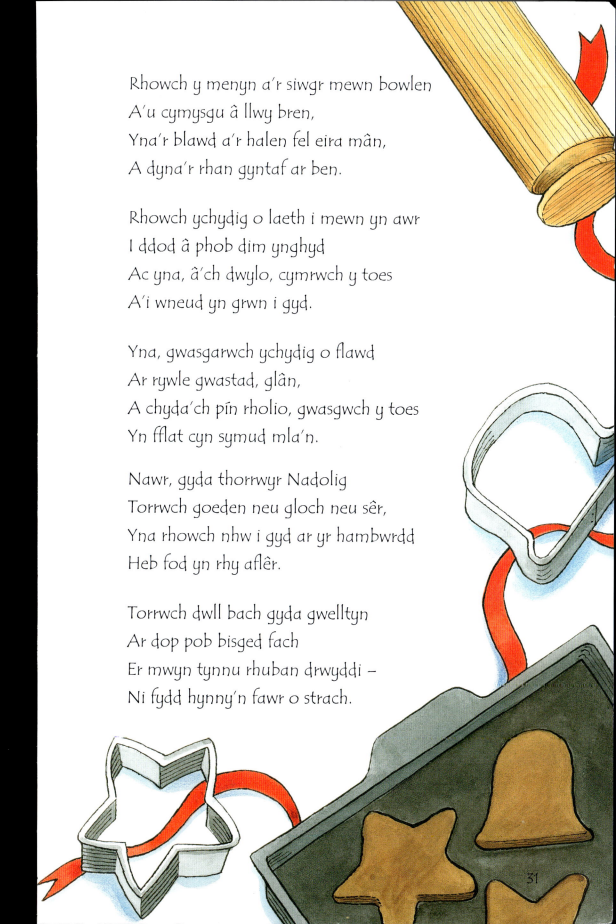

Rhowch y menyn a'r siwgr mewn bowlen
A'u cymysgu â llwy bren,
Yna'r blawd a'r halen fel eira mân,
A dyna'r rhan gyntaf ar ben.

Rhowch ychydig o laeth i mewn yn awr
I ddod â phob dim ynghyd
Ac yna, â'ch dwylo, cymrwch y toes
A'i wneud yn grwn i gyd.

Yna, gwasgarwch ychydig o flawd
Ar rywle gwastad, glân,
A chyda'ch pîn rholio, gwasgwch y toes
Yn fflat cyn symud mla'n.

Nawr, gyda thorrwyr Nadolig
Torrwch goeden neu gloch neu sêr,
Yna rhowch nhw i gyd ar yr hambwrdd
Heb fod yn rhy aflêr.

Torrwch dwll bach gyda gwelltyn
Ar dop pob bisged fach
Er mwyn tynnu rhuban drwyddi –
Ni fydd hynny'n fawr o strach.

31

GW 31356001

Rhowch y cyfan yn y popty
A'u coginio am chwarter awr
Nes i bob un droi'n lliw aur braf –
Wel, maen nhw'n barod nawr!

Rôl eu tynnu nhw o'r popty
Ac iddyn nhw oeri'n llwyr,
Defnyddiwch dipyn bach o eisin
I'w haddurno ychydig mwy.

Ac yna, rhowch y rhuban
Drwy'r twll bach wnaethoch chi,
A'u hongian ar eich coeden
I bawb sydd yn y tŷ!

A phan ddaw amser tynnu lawr
Y goeden yn ddi-lol,
Rwy'n siŵr y caiff y bisgedi bach
Le hapus yn eich bol!

Cyhoeddwyd yn 2009 gan Wasg Gomer, Llandysul, Ceredigion SA44 4JL
www.gomer.co.uk
ISBN 978 1 84851 069 2
ⓑ cerddi: Caryl Parry Jones, 2009 ©   ⓑ lluniau: Helen Flook, 2009 ©
Mae Caryl Parry Jones a Helen Flook wedi cydnabod eu hawliau moesol dan Ddeddf Hawlfraint,
Cynllun a Phatentau, 1988, i gael eu cydnabod fel awdur ac arlunydd y gwaith hwn.
Cedwir pob hawl.
Dymuna'r cyhoeddwyr gydnabod cymorth adrannau Cyngor Llyfrau Cymru.
Argraffwyd a rhwymwyd yng Nghymru gan Wasg Gomer, Llandysul, Ceredigion.